AF338803

MORT

DE

LOUIS-PHILIPPE

ET

PIÈCES AUTHENTIQUES

A L'APPUI

de la proposition de l'honorable Représentant

M. CRETON (DE LA SOMME)

POUR LE RAPPEL DES PRINCES DE LA MAISON

D'ORLÉANS

EN QUALITÉ DE CITOYENS FRANÇAIS;

PAR LOUIS TIREL, DÉCORÉ DE JUILLET.

PRIX : 30 CENTIMES.

PARIS,

COMON, LIBRAIRE-ÉDITEUR,

AU COMPTOIR DES IMPRIMEURS, QUAI MALAQUAIS, 15,

ET CHEZ TOUS LES LIBRAIRES.

—

30 novembre 1850.

LETTRE

A MM. LES REPRÉSENTANTS

DU PEUPLE FRANÇAIS

A L'ASSEMBLÉE NATIONALE LÉGISLATIVE.

Paris, le 30 novembre 1850.

MESSIEURS LES REPRÉSENTANTS,

Dans une récente publication que je viens de faire, j'ai dédaigné la pusillanime précaution de dissimuler mon nom, procédé indigne de tout homme de cœur, de convictions profondes, et qui sait se respecter.

Je n'agirai pas autrement aujourd'hui; c'est le front haut et le visage découvert que je viens vous soumettre les pièces et documents authentiques qui militent en faveur de la grande et noble famille d'*Orléans*, dont je fus, jadis, le serviteur fidèle, dévoué, pendant seize années de ma vie.

Aucun lien d'intérêt ne m'attache à elle, et ne l'ayant servie que depuis 1832, mon nom ne figure pas sur la liste de ses pensionnés... J'agis donc dans l'indépendance la plus absolue, mû par le pur sentiment de la reconnaissance et de la fidélité, mais plus encore par celui du patriotisme, de la justice et de la raison, qui ne permettront jamais à l'HONNEUR NATIONAL de traiter en factieux et en ennemis des hommes soumis à ses lois ; des hommes courageux et vaillants qui ont tout sacrifié à la commune PATRIE, et sont prêts encore à lui TOUT sacrifier, leur VIE même, s'il était nécessaire...

Je connais ces cœurs généreux, qui n'ont jamais battu que pour le repos, le bonheur et la gloire de la France, comme pour le respect de son indépendance et de ses libertés légales : c'est ce motif, de profonde conviction chez moi, qui me porte à élever ma faible voix en leur faveur.

Jamais jugement ne fut plus solennel que celui que vous allez rendre, Messieurs ; l'histoire attentive s'apprête à l'enregistrer sur ses tables indestructibles.

Fasse le ciel que, par de vaines et futiles considérations, vous ne mettiez pas en défaut le vœu unanime de TOUS..., qui rejette à jamais les lois violentes de PROSCRIPTION et d'EXIL !!!

Si vos prédécesseurs ont compris la FRANCE en rayant de ses codes l'affreuse PEINE de MORT en matière politique, soyez leurs dignes émules en rayant de votre côté les décrets de proscription et d'exil, si malheureusement appliqués à des lignées entières, nées et à naître même... !

Le temps où nous vivons, sous l'empire de la LIBERTÉ, de l'ÉGALITÉ et de la FRATERNITÉ, ne peut souffrir nulle dérogation à ces bases désormais immuables de notre CONSTITUTION, qui doit être pour TOUS un PACTE de VÉRITÉ PRATIQUE.

Je vous demande, Messieurs, le rappel des princes des deux

branches royales comme simples citoyens, et des funérailles pour le corps du NAPOLÉON de la PAIX, à l'égal de celles qu'il prescrivit lui-même pour le NAPOLÉON de la GUERRE.

Que celui qui nous ramena le corps de l'EMPEREUR dans la plus franche et la plus loyale sympathie pour ce GRAND HOMME, jouisse au moins de la triste consolation de pouvoir accompagner en LIBERTÉ le cercueil de son vieux père !

Je suis, Messieurs les Représentants, avec le plus profond respect,

Votre très-humble et très-obéissant serviteur,

Louis TIREL,
Ex-contrôleur des équipages du roi.
(Décoré de juillet 1830.)

DOSSIER DES PRINCES

DE LA

MAISON D'ORLEANS.

PIÈCES AUTHENTIQUES.

Lettre de Mgr le prince de Joinville, adressée à l'un de ses amis avant que la subite révolution de février 1848 pût être connue de lui.

« Mustapha, 25 février 1848.

« Le courrier de France vient périodiquement troubler mon bonheur en m'inspirant des craintes pour ceux qui me sont chers, car ce n'est certes pas pour moi que l'idée d'une révolution en France m'agite.

« Toute mon ambition est morte depuis que j'ai approfondi les moyens qu'il faut employer pour briller en ce monde.

« J'irais vivre sur les bords de l'Illinois avec autant de tranquillité d'esprit qu'à Neuilly ou à Saint-Cloud. »

Dépêche de M. François Arago, membre du gouvernement provisoire et ministre de la marine, à S. A. R. Mgr le prince de Joinville.

« Paris, 25 février 1848 (huit heures du soir).

« Prince,

« Le salut de la patrie exige que vous ne fassiez aucune tentative pour détourner les équipages et les soldats de marine de l'obéissance qu'ils doivent au gouvernement provisoire.

« Il importe que vous renonciez, jusqu'à nouvel ordre, à mettre le pied sur le sol de la France et à communiquer avec aucun navire de la flotte.

« Prince, votre cœur patriotique saura se résigner à ce sacrifice et l'accomplira sans hésiter. Tel est l'espoir que le gouvernement provisoire met en vous.

« *Signé* ARAGO. »

————

Réponse du Prince.

« Alger, 3 mars 1848.

« J'ai reçu la dépêche télégraphique que vous m'avez adressée.

« J'aime trop mon pays pour avoir un instant songé à y porter la discorde.

« Du fond de l'exil, mes vœux les plus ardents seront toujours pour le bonheur de la France et le succès de son drapeau.

« Recevez, Monsieur le ministre, etc.

« *Signé* FRANÇOIS D'ORLÉANS,
prince de Joinville. »

————

Au même instant que ce noble sacrifice au repos de la France se consommait, le duc d'Aumale, autre martyr de l'amour national, exécutait le sien, de son côté, par ses deux proclamations, l'une aux habitants civils de l'Algérie, l'autre à l'armée qu'il commandait (70 à 80,000 hommes de toute arme).

« Habitants de l'Algérie,

« Fidèle à mes devoirs de citoyen et de soldat, je suis resté à mon poste tant que j'ai pu croire ma présence utile au service du pays.

« Cette situation n'existe plus.

« M. le général Cavaignac est nommé gouverneur général de l'Algérie.

« Jusqu'à son arrivée à Alger les fonctions de gouverneur général par intérim seront remplies par M. le général Changarnier.

« Soumis à la volonté nationale, je m'éloigne ; mais au fond de l'exil tous mes vœux seront pour votre prospérité et pour la gloire de la France, que j'aurais voulu servir plus longtemps.

« Henri d'ORLÉANS,
duc d'Aumale. »

« Alger, 3 mars 1848. »

A l'armée d'Afrique.

« M. le général Changarnier remplira par intérim les fonctions de gouverneur général , jusqu'à l'arrivée à Alger de M. le général Cavaignac, nommé gouverneur général de l'Algérie.

« En me séparant d'une armée modèle d'honneur et de courage, dans les rangs de laquelle j'ai passé les plus beaux jours de ma vie, je ne puis que lui souhaiter de nouveaux succès.

« Une nouvelle carrière va peut-être s'ouvrir à sa valeur ; elle la remplira glorieusement, j'en ai la ferme croyance.

« Officiers , sous-officiers et soldats, j'avais espéré combattre encore avec vous pour la patrie!... Cet honneur m'est refusé ; mais, du fond de l'exil, mon cœur vous suivra partout où vous appellera la volonté nationale ; il triomphera de vos succès... tous ses vœux seront toujours pour la gloire et le bonheur de la France.

« *Signé* Henri d'ORLÉANS, »
duc d'Aumale. »

1.

A Monsieur le Président de l'Assemblée nationale constituante.

« Monsieur le Président,

« Les journaux nous apportent un projet de décret tendant à nous fermer les portes de la France.

« Les sentiments que ce projet nous inspire nous arrachent à la réserve que jusqu'ici nous nous étions imposée.

« Nous avions espéré que cette réserve patriotique serait comprise.

« L'Assemblée était réunie, elle allait, dans son indépendance et sa souveraineté, voter la nouvelle constitution ; nous ne voulions pas jeter au milieu de ses délibérations l'expression d'un vœu, ou la préoccuper de personnes.

« Nous avions lieu de penser d'ailleurs qu'en quittant Alger au premier appel fait à notre patriotisme, nous avions fourni au pays une preuve patente de notre ferme intention de ne pas chercher à désunir la France, comme nous avions témoigné du respect avec lequel nous acceptions l'appel fait à la nation.

« Nous nous flattions aussi que le pays ne pourrait songer à nous repousser, nous qui l'avions toujours fidèlement et loyalement servi dans nos professions de marin et de soldat.

« Le projet de décret indique qu'on en a jugé autrement, et le moment choisi pour le produire constitue d'ailleurs une assimilation que nous ne saurions accepter.

« Exempts de toute ambition personnelle, nous protestons devant les représentants de la nation, contre une mesure dont nos précédents et nos sentiments devaient nous garantir.

« Veuillez, M. le Président, porter cette lettre à la connaissance de l'Assemblée nationale, et recevez l'assurance de notre haute considération.

« FRANÇOIS D'ORLÉANS, HENRI D'ORLÉANS,
prince de Joinville.   *duc d'Aumale.* »

Et ont adhéré à la présente protestation, par deux lettres individuelles, MM. les ducs de Nemours (Louis d'Orléans) et de Montpensier (Antoine-Marie d'Orléans), absents de Claremont au moment où leurs frères adressèrent leur message à la Chambre.

———

Correspondance intime de Mgr le Prince de Joinville avec l'un de MM. ses aides de camp.

« 8 avril 1848 (Claremont).

« J'avais eu un moment l'idée d'aller à Brest à l'époque de l'Assemblée nationale, et d'y arriver avec femme et enfants pour m'y établir.

« Que pensez-vous de cette idée?

« Je crois qu'à Brest, vivant en simple citoyen, ma présence ne donnerait ombrage à personne. »

———

« 11 avril (Claremont).

« Si l'Assemblée nationale est opprimée et placée sous la terreur de quelques vauriens, et qu'un effort soit tenté pour la délivrer, *j'en serai* quelque chanceux que ce soit, et je saurai me compromettre et *sacrifier* ma vie pour le salut du pays, si je pense que cela soit utile. »

———

« 14 avril 1848 (Claremont).

« Voilà le printemps, avec sa verdure, ses fleurs, son doux aspect. Hélas! rien ne nous sourit cette année... famille, patrie, rêve de grandeur et de gloire, tout est brisé... Où allons-nous?.. que deviendrons-nous?... Je ne sais...

« Si l'Assemblée n'est pas libre, il faudra la délivrer; ce n'est plus du patriotisme que de courber la tête en agnelet.

« En se laissanteffrayer, on a laissé renverser la monarchie : en continuant à se laisser effrayer, au lieu d'aider à constituer un bon gouvernement, on laisse aller le pays à sa ruine.

« Je ne sais quel parti prendre pour moi et les miens : aller à Rome, c'est bien long et bien cher ; j'aimerais mieux Rotterdam. »

« 15 avril (Claremont).

« Quand nous avons quitté Alger, nous ignorions le sort de nos parents, que toute fausse démarche de notre part pouvait compromettre.

« La lettre d'Arago est venue faire appel à nos sentiments patriotiques. Nous avons cédé, nous avons eu foi dans notre pays.

« Nous avions dans le cœur des idées trop libérales pour nous opposer à main armée à l'établissement de la république.

« Vous qui connaissez mon cœur, vous savez avec quelle joie j'en serais devenu simple citoyen, avec quelle joie j'aurais contribué à faire cette France grande et forte, quand bien même tout ce que nous étions et tout ce que nous possédions aurait dû y passer.

« Inquiets sur nos parents, ne voulant pas par notre résistance appeler sur notre pays les maux de la guerre civile et les violences réactionnaires, nous sommes partis et venus ici. »

(Même lettre, du 15 *avril* 1848.)

« Je donnerais quelque chose pour pouvoir me débarrasser de ma qualité de PRINCE et des soupçons qu'elle autorise, afin de rentrer en France.

« Ce que je désire le plus, c'est que mon pays se tire de tous ses embarras et qu'il nous donne, par son courage et sa sagesse, ce calme dont nous avons tant besoin ; qu'il se crée une situation dont nous n'ayons pas à rougir, et qu'il me rende enfin le droit de vivre en France heureux et tranquille, en simple citoyen.

« Ma lettre est embrouillée comme ma tête... Je suis partagé entre le désir du repos et celui d'être utile à mon pays. »

« 21 avril 1848 (Claremont).

« Il est évident pour moi que nous approchons d'une crise, et qu'il est impossible de savoir ce qui en sortira... Tout cela m'agite... Je ne veux pas qu'on puisse dire que j'ai eu peur ; je ne veux pas qu'on puisse dire que j'ai manqué à mes devoirs envers mon pays au jour du besoin, mais je ne voudrais pas qu'un soupçon d'ambition s'attachât à moi : vous savez que je n'en ai pas. »

« 5 mai 1848 (Claremont).

« Il est prouvé pour moi que l'expérience du suffrage universel est bonne et favorable à l'ordre et à la propriété.

« L'Assemblée nationale sera entraînée à donner des gages à une tourbe qui l'accusera d'esprit réactionnaire ; c'est nous qui serons tout d'abord offerts en holocauste. Si elle essaye d'arrêter le mouvement, il y aura lutte dans Paris...

« Hélas ! le gouvernement que l'on établira recevra un baptême de sang.

« Ce ne sera que par l'extermination de ses ennemis qu'il pourra vivre... Cela fait horreur ! »

« 11 mai 1848 (Claremont).

« J'espère beaucoup de l'Assemblée nationale : ses débuts sont un peu désordonnés, mais c'est inévitable avec une réunion aussi nombreuse. L'esprit me paraît bon. Je crois qu'elle a vraiment l'intention de fonder une république grande et forte : Dieu veuille qu'il en soit ainsi !

« Le pays a soif d'ordre.

« Pour nous personnellement, nous pensons toujours à rentrer en France. La république constituée, on ne nous refusera pas le titre et la qualité de citoyens français.

« Voilà le beau temps : j'en profite pour passer ma journée dehors... Couché sur les bruyères, je lis énormément pendant que nos femmes travaillent. Elles font elles-mêmes leurs robes, chapeaux, etc., et je vous assure qu'elles pourraient gagner leur vie.

« Pour moi, une Société de Londres m'a offert le commandement d'un navire destiné à aller dans l'Inde.

« Vous voyez que nous pouvons braver la misère.

Ma santé est toujours avariée : heureusement que ma femme et mes chers mioches vont bien.

« Puissions-nous revoir le sol natal ! »

« 20 mai 1848 (Claremont)

« J'aime, j'avoue, mon pays : j'ai ruiné ma santé à son service ; je me serais fait tuer pour lui, je me ferais tuer encore ; mais l'idée d'un bannissement pour récompense me donne le vertige.

« Pauvre France ! si je ne dois plus la revoir ; s'il ne m'est pas donné de mourir à son service ; si je dois oublier mon passé, je veux m'enfoncer assez loin dans les déserts pour ne plus entendre parler d'elle, pour ne plus avoir l'âme déchirée par son souvenir, pour que mes enfants puissent ne pas la connaître, afin de leur épargner d'éternels regrets !... ;

« *Signé* prince de JOINVILLE. »

Nota. — Quel homme, voire même l'ennemi le plus acharné, pourrait trouver dans toute cette correspondance l'ombre d'un soupçon ambitieux, d'une prétention autre que celle de se soumettre aveuglément aux ordres de la France ?

Non ; les portes de la France ne peuvent, sous quelque prétexte que ce puisse être, rester plus longtemps fermées à d'aussi grands, à d'aussi nobles cœurs.

TIREL.

MORT DE S. M. LOUIS-PHILIPPE IER.

(Chant extrait de la PHILIPIDE, biographie en vers de S. M., ouvrage
encore inédit.)

CLAREMONT. — WEYBRIDGE-GREEN.

(26 août et 2 septembre 1850.)

Sous un marbre modeste il est là qui repose,
Et personne ne songe à son apothéose !
Celui dont le destin fut si grand et si beau
Sent encor que l'exil pèse sur son tombeau...

Tout n'est pas mort chez l'homme après la nuit profonde,
Et le Roi dont le nom vingt ans remplit le monde
Doit *écouter* parfois, dans son cercueil glacé,
La voix sainte qui venge un glorieux passé !

Plus tard, quand l'horizon se sera fait moins sombre,
Quelque HOMÈRE viendra réjouir ta grande ombre ;
Comme au Dieu de la paix, te dresser des autels,
Et t'immortaliser par des chants immortels ;
Mais moi, pauvre rapsode à la lyre inconnue...
Qui n'ai point le génie inspiré dans la nue,
Je ne puis déposer au sépulcre royal
Qu'un chant venu du cœur, un hommage loyal.

Quand jadis, pèlerin au souvenir fidèle,
Au Roi proscrit j'allai, plein d'amour et de zèle,
Offrir à CLAREMONT mon ancien dévoûment (1) :
Le voyant calme et fort supporter dignement
Les rigueurs de l'exil, à cette mort si prompte
J'étais loin de songer. Mais quel cruel mécompte!...
La mort veillait; la mort, qui n'avertit jamais,
Entra la faux en main dans ce morne palais,
Et faucha sans pitié la grande et noble vie
Qui survivait superbe aux poisons de l'envie...
Oh! ce fut pour nous tous un véritable deuil,
Et nos larmes de loin ont suivi son cercueil
Jusqu'à l'humble chapelle, où loin des bruits du monde,
Le corps du Roi repose en une paix profonde,
En attendant le jour où les sombres caveaux
De DREUX, comptant déjà tant d'illustres tombeaux,
L'uniront pour toujours à des cendres chéries...

Quels que soient des partis les rancunes aigries,
On doit rendre au pays (tribut réparateur),
Le Roi qui lui rendit le corps de l'EMPEREUR!...

Mais, au lieu des canons, des drapeaux de batailles
Qui de NAPOLÉON suivaient les funérailles,

---

(1) M. Tirel fut reçu en audience du Roi le 15 novembre 1849, et il lui présenta le compte général des dépenses de la Liste civile de 1830 à 1848 (pour toute la durée du règne). Assistaient à cette audience, MM. les généraux aides de camp de S. M. comte Dumas, comte d'Houdetot, comte de Chabannes et comte Friant. Le récit de cette audience, avec les comptes qui donnèrent lieu pendant deux heures entières aux observations les plus animées du Roi, sera incessamment publié dans tous ses exacts et minutieux détails : car pour ne rien perdre, M. Tirel rédigea sur-le-champ son manuscrit à l'hôtel où il était descendu avant de quitter Esher-Surry, Angleterre.

Lorsqu'enfin dans nos ports entrera son linceul,
L'olivier pacifique y figurera seul,
Et l'industrie entière au rivage accourue,
Paisible et sans soldats, le suivra dans la rue;
Car si Napoléon fut grand par le combat,
Si le peuple sous lui ne fut plus qu'un soldat,
LOUIS-PHILIPPE imposant sa sagesse à l'Europe,
En maintenant la PAIX, fut un *roi philanthrope.*
Et j'aime mieux le temps de la PAIX et des Arts
Que le temps des guerriers... que l'ère des CÉSARS...

Quand de la mort du Roi nous survint la nouvelle,
Quand on connut la fin d'une vie aussi belle,
Ceux même qui l'avaient si longtemps combattu
Reconnaissant, trop tard, ses talents, sa vertu,
Et d'un règne trop court l'impérissable gloire,
Ne purent refuser des pleurs à sa mémoire!

Car si, père du peuple, esclave de la loi,
LOUIS-PHILIPPE vécut en CITOYEN, en ROI,
De la mort il franchit le terrible passage
Avec la force d'âme et le calme d'un sage.

Laissez-moi retracer ce triste événement...
. . . .
Quand l'œil de la science eut prévu le moment
Où se terminerait cette longue carrière,
La REINE, alors sans doute à genoux... en prière
Pour demander au ciel un long ajournement,
Reçut du médecin cet avertissement.

Alors offrant à DIEU son douloureux calice,
Elle fait de ses pleurs l'immense sacrifice ;
Au fond de sa poitrine étouffant le soupir,
Elle vient dire au prince : « Ami, tu vas mourir.
« Un chrétien à voir DIEU doit préparer son âme… »
Puis, se penchant sur lui, la sainte et noble femme
L'entoure de ses bras, presse sa froide main,
Et lui répète : « Hélas ! ami, pense à demain… »
Le ROI, sans s'émouvoir, sans qu'un léger nuage
A cet aveu terrible effleure son visage,
Lui dit en souriant : « Ma femme, je suis prêt.
« Mourir loin de la France est mon plus grand regret !…
« Cet arrêt est bien prompt !.. O douleur, je te quitte ;
« Je n'aurais jamais cru te laisser aussi vite. »

Il veut voir ses enfants et ses bons serviteurs,
Ceux qui de son exil partageaient les malheurs.

Et quand près de son lit, où Dieu trop tôt l'envoie,
La mort, comme un vautour couve déjà sa proie,
Il voit tous ses enfants, ses fils, ses petits-fils,
Dans les mêmes sanglots, confondus, réunis,
Et leur dit : « Retenez des larmes inutiles.
« A mes derniers conseils, PRINCES, restez dociles.
« Qu'un même et seul drapeau vous rassemble toujours :
« D'un nom comme le nôtre, oh ! les fardeaux sont lourds,
« Et plus le nom est grand et connu dans l'histoire,
« Plus pour le prince est grand l'honneur obligatoire !
« UNION… UNION… entre vous… je le veux,
« Si d'un père expirant vous respectez les vœux !…

« Mes fils, vous n'avez tous qu'une même patrie,
« Comme vous n'avez tous qu'une mère chérie....

« Soyez toujours soumis à la France, aux bras forts,
« Qui sait des prétendants braver les vains efforts...
« Qui peut, hélas! errer dans de fatales voies,
« Mais qui vite oubliant ses malheurs et ses joies,
« Retourne confiante aux princes bienfaiteurs
« Dont elle a quelque temps méconnu les faveurs...
« Enfin, n'oubliez pas que jamais votre épée
« Dans son sang généreux ne doit être trempée;
« Et qu'avant d'être nés dans un ROYAL-PALAIS,
« Vous êtes CITOYENS... et CITOYENS FRANÇAIS!... »

Les princes écoutaient dans un pieux silence
Cette voix qui semblait puiser son éloquence
Dans la foi que DIEU donne à ceux qui vont mourir.
Prophétiques accents... miroir de l'avenir.
Et malgré leurs sanglots et leur douleur amère,
Ils firent le serment, au chevet de leur père,
De ne jamais briser le lien fraternel,
De toujours respecter le pacte solennel
Que prescrira la France en sa toute-puissance;
Du pouvoir absolu, rejeter l'alliance;
De se soumettre au vœu du PEUPLE SOUVERAIN...
De ne jamais troubler, ni déchirer son sein.

Et pendant que les pleurs baignaient tous les visages,
Peu soucieux devant les funestes présages

Du trépas menaçant qui lui glaçait le corps
Et du tombeau déjà lui montrait les deux bords,
Le ROI fait appeler (ô courage suprême !)
Un de ses généraux (1), et lui dicte lui-même
Le chapitre dernier du monument d'airain...
Livre immense où bientôt chaque contemporain
Connaîtra du passé les hommes et les choses ,
Et des événements pourra juger les causes.

Puis, la religion ne l'abandonne pas.
S'arrachant un instant aux choses d'ici-bas,
Il ouvre sa pensée aux regards d'un saint prêtre ,
Des peuples et des rois reconnaît Dieu pour maître ,
Confesse librement ses fautes... ses erreurs...
Comme le CHRIST, pardonne à ses persécuteurs,
Et devant ses enfants reçoit à l'instant même
Le viatique saint et l'onction suprême !...

A peine a-t-il rempli cet auguste devoir,
Que ses yeux satisfaits, brillant d'un saint espoir,
On entendit sortir de sa bouche expirante :
« Eh bien ! chère AMÉLIE, es-tu de moi contente ? »

Ce fut son dernier mot au bon ange à genoux,
Priant avec ferveur le ciel pour son époux...
Demandant des élus la demeure éternelle.

BON ANGE, en te perdant, la France criminelle,

---

(1) Le général comte Dumas, qui pendant l'exil du Roi a constamment rempli les fonctions de secrétaire intime auprès de Sa Majesté.

Aux yeux de Dieu peut-être a perdu son soutien :
Il n'est pas dans ce monde un cœur comme le tien.
Calme et forte au milieu des pleurs de sa famille,
Son front si beau, si pur, de sérénité brille ;
Elle ne pleure pas, car elle croit qu'un jour
Elle retrouvera l'objet de son amour :
Son époux, ses enfants, ceux qui faisaient sa joie,
Et dont la mort aveugle a déjà fait sa proie.

Louis-Philippe est mort, jusqu'au dernier moment
Conservant sa raison, son vaste jugement.
Il est mort exilé !... lui dont l'âme élevée
Au salut du pays fut toujours réservée.
Quel triste enseignement pour des rois successeurs
Qui viendront de son trône essayer les douceurs !!!

Le peuple croit qu'en haut tout est bonheur, délices,
Mais s'il connaissait bien les rudes sacrifices
Que la couronne impose aux rois assez puissants
Pour pouvoir en porter les fardeaux écrasants,
Il serait moins cruel dans ses rouges tempêtes,
Où quelquefois des rois il fait tomber les têtes.

Mais il ignore, hélas ! trop souvent les vertus
Des princes sous sa rage en un jour abattus.
Et c'est le lendemain, c'est plus tard... quand le monde
Rend au monarque mort sa justice profonde,
Qu'en comparant César au Roi dépossédé,
Il voit que son combat n'était qu'un coup de dé,

Profitant trop souvent au plus obscur sicaire,
Ou devant élever quelque soldat vulgaire...

Ne blâmons pas le PEUPLE ; il souffre... il souffre, hélas !
Mais soyons sans pitié pour tous ces avocats
Qui, dans leurs vils pamphlets comme dans le club sombre,
Sur tout ce qui fut beau savent jeter une ombre...
Savent CALOMNIER, avec leur impudeur,
La VERTU, le TALENT, la FAMILLE et l'HONNEUR...

Oh ! si je jette ainsi des paroles amères
Quand je veux consoler la plus tendre des mères ;
Si dans un souvenir, si dans un chant d'amour,
Je prends le regard sombre et le cri du vautour,
C'est que l'on a souillé de tant de calomnies
DES CŒURS nobles et purs, des MÉMOIRES bénies,
Que l'indignation s'empare de mon cœur,
Et que j'oppose enfin mon vers accusateur.

Mais. à quoi bon ? L'histoire est là, sévère et vraie,
Qui saura distinguer le FROMENT de l'IVRAIE...
Et, dans un temps prochain, sur un tombeau sacré,
Saura dire : Il fut GRAND... car il fut MODÉRÉ !

Maintenant, ô grand ROI dont la tombe est déserte,
Et dont l'homme de bien sait apprécier la perte,
Pour toi laisse un poëte effeuiller quelques fleurs,
Permets-lui de jeter quelques vers, quelques pleurs,
Sur la place où tu dors, sur le triste WEYBRIDGE,
Tout tremblant sous les pas des vieux DUCS de CAMBRIDGE.

Laisse un vieux serviteur de ta noble maison,
Pour qui le dévouement est de toute saison,
Te donner un ADIEU, cet ADIEU de l'artiste,
Que ta mort a rendu si morose et si triste...

❆

ADIEU !

O ROI, qu'as-tu besoin de nos vœux, de nos pleurs ?
Ton âme est maintenant dans des mondes meilleurs,
Et ne doit désirer, là (si l'âme désire...),
Pour tes dignes enfants que le divin Empire ;
Mais nous tous, entraînés au flot aventurier
Créé par les faux dieux qu'enfanta Février,
Nous n'avons qu'un souhait, qu'une seule pensée,
C'est de voir à PARIS ta famille pressée
Autour des étendards que ton bras si longtemps
Jadis a défendus par des faits éclatants.

Ils viendront tous tes fils, et la France enivrée
Avec eux bénira ta mémoire sacrée...

Mais moi, malgré l'espoir d'un changement prochain,
Je veux descendre un jour au caveau souterrain
Où ta cendre repose, attendant que la France
Répare enfin pour toi sa trop ingrate offense,
Et là m'agenouiller, modeste voyageur,
En disant au passant, à l'ennemi vainqueur...

« Honorez le GRAND ROI. Venez sur cette tombe
Sur laquelle aujourd'hui l'éternité retombe...
Confesser votre erreur et votre aveuglement,
Qui vous fit renverser son franc gouvernement,
Et, comme LA FAYETTE au sentiment civique,
Dites : Voilà la bonne et sage RÉPUBLIQUE ! »

LOUIS TIREL,

Ex-contrôleur des équipages du Roi, décoré de Juillet 1830.

Paris. — Typographie de Firmin Didot frères, rue Jacob, 56.

www.ingramcontent.com/pod-product-compliance
Lightning Source LLC
Chambersburg PA
CBHW051215050726